Koffi Xavier ASSIE

Ma trousse poétique

Koffi Xavier ASSIE

Ma trousse poétique

Poèmes

Éditions Muse

Imprint
Any brand names and product names mentioned in this book are subject to trademark, brand or patent protection and are trademarks or registered trademarks of their respective holders. The use of brand names, product names, common names, trade names, product descriptions etc. even without a particular marking in this work is in no way to be construed to mean that such names may be regarded as unrestricted in respect of trademark and brand protection legislation and could thus be used by anyone.

Cover image: www.ingimage.com

Publisher:
Éditions Muse
is a trademark of
Dodo Books Indian Ocean Ltd., member of the OmniScriptum S.R.L Publishing group
str. A.Russo 15, of. 61, Chisinau-2068, Republic of Moldova Europe
Printed at: see last page
ISBN: 978-620-2-29939-8

REMERCIEMENTS

Nombreux sont mes remerciements car ils incarnent la nature profondément participative de la publication de ce livre.
Ainsi je voudrais très sincèrement adresser mes remerciements à tous ceux qui de près comme de loin m'ont soutenu dans la rédaction de cette œuvre.

Qu'il me soit permis de remercier en premier lieu, ceux qui ont été la genèse de ce projet.

- Mon père ASSIE KOUAME DENIS.
- Ma mère KOFFI AKISSI EVELINE.

Un merci particulier à Monsieur YVES YAO KOUAKOU, écrivain (mon encadreur) pour ces merveilleux conseils et sa contribution si généreuse pour donner vie à ce livre.

Milles fois merci à ma tante SANDRA N'ZI et à mon professeur de français Mr YOUSSOUF DIABATE pour leurs soutiens affidés, en si peu de mots ils m'ont su motiver pour poursuivre une telle aventure.

De grand cœur je dis sincèrement merci à mes merveilleux oncles (ASSIE KOFFI RAYMOND, N'GATTA BARTHELEMY et N'GATTA SERAPHIN), à toute ma famille qui m'ont toujours encouragé et qui ont considérablement contribué à faire de ce rêve une réalité.

Ma gratitude va à l'endroit de tous mes amis et surtout mes camarades de classe et merci aussi à tous ceux qui ont cru vraiment à ce projet en apportant leur contribution et encouragement à la publication de ce livre.

A toute la jeunesse africaine

Préface

La poésie est pour moi un moyen d'expression et d'évacuation des sentiments les plus profondes de soi- même, à travers la magie et la beauté de l'écriture elle traduit le bien être ou le mal être d'une personne.

En effet ma trousse poétique est un recueil dans lequel j'exprime des sentiments longtemps gardés, des sentiments que j'ai du mal à les faire savoir de façon orale qui me piquaient l'intérieur, c'est pourquoi dès l'entame de la lecture, j'essaierai d'informer les lecteurs et lectrices de ces sentiments que je cherche à vider par le biais de quelques vers et strophes afin d'être libre. Dans le fond de cette quête de liberté se cache un message qui va à la rencontre de toute la jeunesse africaine en montrant les frasques de la vie et en mettant à nu certaines mœurs dépourvu de sens de L'homme. Ce message révèle aussi l'immaturité et l'incapacité de cette jeunesse à ne vouloir rien faire que d'attendre la réussite, je ne peux priver ma plume sur le racisme qui demeure encore, également sur l'Afrique qui cri à l'aide aux jeunes pour être porter jusqu'à sa liberté.

Ce recueil, d'un sentiment piquant, tente de gagner la motivation et la ténacité des jeunes de réfléchir autrement afin de lutter pour le bien-être de tous.

Préface de l'auteur

À MON LECTEUR

Cher lecteur, mon semblable
aujourd'hui on est bien ensemble
rassure toi, ma poésie n'est pas un drame.
Mes mots sont sans larmes,
écoutes bien le langage des mots.
Je prie que ces mots guérissent tes maux.
Lecteur mon frère, tu sais, on a les mêmes peines,
on a aussi les mêmes haines,
Qu'on cherche à guérir avec des mots frais.
Prends le temps de tout lire,
c'est pour toi tous ces écrits.
Par ces strophes, j'allume une flamme
la flamme qui apaise l'âme.
Mon semblable, tu sais, la vie est magnifique!
Regarde bien le ciel étoilé!
Dis-moi que tu n'as pas envie de le rejoindre
Les roses qui remplissent les musées,
regarde les arts des artistes,
dis-moi que mon art n'est pas triste.
La poésie, elle est trop féerique!
Lecteur mon joyeux poète! Vraiment tu es apprécié.
Je te souhaite un soleil de liberté,
de bons mots, de gaillardes chansonnettes.
Ta lyre est doux comme le raisin,
merci pour ces vers que tu sèmes,
et qui est pour moi un orme.

INSPIRATION

Elle coule comme de l'eau,
Beaucoup de respect pour ce mot
Qui fait vivre mes mots
Je m'incline devant ce nom
Qui surplombe tout nom
À lui le brassard, elle ne vient pas hasard
Elle est plus forte que le lézard
C'est une inspiration appart

Avec lui mes mots n'ont plus de maux
Elle ravaude mes mots
Elle descend à la lueur des flambeaux
Pour m'amener à l'univers des mots

C'est une source inépuisable,
C'est une source très aimable,
C'est une source aussi agréable,
C'est une source insécable.

C'est une sainte haleine qui vivifie
Elle ne dort pas, c'est un souffle de vie
C'est une source qui réveille en sursaut
Elle vient du très haut.

Je parle de cette Colomb blanche qui vient du ciel
dont son blanc brille que l'arc-en-ciel
je parle de cette langue de feu descendue du ciel
je parle de ces goûtes d'eau qui tombent de puis le ciel
elle est sainte et esprit.

LA VIE

Le coq chante très tôt dans le Ciel
L'oiseau vole si haut, à peine couché,
Le soleil se réveille brillant depuis l'Afrique de l'est,
Annonçant un éveil, venant de l'ouest.

O léger vent! Annonce mon arrivé
Ô bon temps! Mon heure a sonné
Les miens accueillez-moi, je viens dans la vie
pour découvrir, vivre au gré de toutes mes envies.

Mon âme murmure d'une voix douce et de douleur
mon cœur bondi de joie et de pleurs
mon esprit accaparé de paix et de guerres
mon être entier vit et meurt
la vie est remplie de bonheur et de malheur.

Quel est le sens donc de la vie?
Que vaut la vie?
Doit-on prendre la vie au sérieux?
Peut-on vraiment vivre heureux?

Autant de questions
dans ma passion.
La vie est faite pour vivre
Et non un mystère pour comprendre.
La vie est un piano
Il faut le jouer avec du blanc et du noir.
Même si ce fut dure parfois
Il faut s'habituer aussi très tôt.

Il faut être toujours fort
Il n'y a rien à craindre de la mort,
On peut supporter la douleur
on peut atteindre le bonheur
Car la vie a une mélodie fiel et mielleuse

O vie! O vie!
Que la terre tourne
  Que les fleuves coulent !
Et que mes strophes prennent vie.

GLOOMY

Il y a des jours sombres, mon âme est à l'ombre,
Il y a des jours, la lune brille à la place du soleil.
Parfois les nuages effacent le ciel,
Parfois le vent déracine les arbres.

Parfois pendant la journée la nuit s'élève,
J'écris rose, mais c'est souvent morose,
La vie est dure surtout quand tu es élève.
Quand vient la galère, je perds tous mes mises

On dit au sommet se trouve le bonheur,
Et si ces dires ne sont que des leurres,
Les opinions ne rassurent pas vraiment la vie.
Je ne prie que le livre de la vie soit pareil à ma vie.

Sous le chaud soleil, je sens le trépas
Je crains ma peau qui se repeint.
Dans le feu qui étincelle, j'ai pris part,
Dans cette adaimonie, je vais au déclin.

Chaque jour je me noie dans une lumière blafarde,
Et avec un œil d'angle, je regarde,
Je m'observe dans le vil cristal d'une onde.
La tristesse comme un fil, relie mon cœur et me sonde.

Mon âme allongée sur ce lourd fardeau,
Je vis la vie en courbant le dos.
À l'intérieur mes larmes coulent à flots.
Je marche en souriant, mais mon cœur est en bobo.

JEUNESSE

Seigneur éternel! Je te confie ma jeunesse.
Écouter moi! Ô jeunesses !
Comme dans le livre de la genèse,
Abraham mit à part sept jeunes brebis
car c'est bien vous l'avenir.
Arrêter de vous affoler sur des choses,
qui vous rapportent que de malheur.
Un avenir vous attend, un avenir sans pudeur.

Je pleure pour cette jeunesse inconsciente
qui avance à part de tortue d'Hermann,
qui marche les mains dans la poche
sans penser que la vieillesse approche.

Je m'inquiète de la jeunesse envoûtée,
Celle qui a pour travaille le sexe,
Celle qui veut boire du thé,
Sans toucher un verre de thé.
C'est elle qui veut vivre une vie de luxe
Elle qui attend le futur.
Pourquoi êtes-vous si immatures?

Je me chine de cette jeunesse corrompue,
toujours derrière des hommes en cravate
comme si vous étiez des détenus,
à l'image de Mikaël SCOFIELD dans prison break.

Je crains cette jeunesse incapable de dire
non au vol, à la viole et à toutes violences.
Une jeunesse avec aucune conscience,
une jeunesse sans soucis d'avenir.

Voulez-vous des cheveux blancs pour exprimer votre sagesse?
Jeune homme!
Jeune femme!
Tu n'es pas l'auteur de la vie, le temps presse.

Jeune mâle!
Jeune demoiselle!
Ne trahit pas ton bonheur
Protège ton honneur
Ne vends pas ta dignité
Réclame ta liberté.
Jeunesse réveillez-vous!
L'avenir c'est bien vous
Sortez! De cet envoûtement travaillez! Avec acharnement.

La jeunesse est un don rare.
Jeune! Un avenir vaut mieux qu'une bière.
Jeune! Une vie vaut mieux qu'un curare.
Bientôt tu te transformeras en poussière,
Regarde, viens! Passe par ici,
ouvre grand les yeux et tu verras Léo Messie.

AU SOMMET !

C'est
A
T comme
L ça
A je cherche
N à
T évoluer,
I à
S grandir
Oui dans
La
Poésie.

Pour ce fait,
J'ai choisir Atlantis
Un Monde parfait,
Je révise
À Atlantis
Désormais
Le sommet,
Je vise
Les vers et les Strophes je divise,
C'est vrai que je n'ai pas encore d'étoile,
C'est pourquoi en plein Soleil,
Je révise

C'est
A
T comme
L ça
A je cherche
N à
T évoluer,
I à
S grandir
Oui dans
La
Poésie.

Le sommet
Comme des escaliers,
Je monte sans compter,
Semblable à une montagne
Je gravis sans regarder la taille

Je suis semblable à la rivière
Avec la poésie je ne coule jamais
En arrière
Quelques soit les barrières

v i v e
La
Po é si e
vive

v i v e
L'
At Lan
Ti s !

BATS-TOI !

Le soleil en plein éclairage.
Réveille-toi
Bats-toi !
À deux mains prends ton courage.
Gravis sans recule,
Laisse le passé derrière toi,
Concentre-toi,
Même si le pont bascule, vole
Fonce comme un Martin.
Tu es un héros des temps.

Ils te mettront des barrières,
mais-toi, sois comme une rivière,
qui ne coule jamais en arrière.
Bats-toi!
Comme un lion n'ai pas peur,
avance ! La vie ce n'est pas du beurre.
Lèves-toi !
Cherche et recherche
Dans tous les coins et recoins.
Au bout de l'effort,
Il y'a toujours un réconfort.

Relèves-toi!
Il n'y a pas de honte d'être si bas,
Ne baisse donc pas les bras.
Regarde autour de-toi,
Prends, prends ta rage
Ce fameux courage
Comme plusieurs, tu as ça
Alors ne t'inquiète pas pour ça.

Tu peux, vas gravir cette montagne.
Sois au sommet de cette colline.
Sur tes genoux, prends la lune.
Saute le plus haut et touche le soleil.

Aller, bouge-toi!
Lèves-toi et bats-toi!

Regarde devant-toi!
Oublie tout derrière toi!
Avec cette bravoure, tu arriveras.
Ton but, tu l'atteindras.
Dans l'Eldorado des poètes, tu y seras.
Bats-toi !

AU CŒUR D'UNE VIE

Chacun à son propre mode de vie,
nous n'avons pas besoin d'admirer la vie des autres.
Le bonheur n'a pas de réponse standard
la joie ne vient pas seulement d'un chemin
la façon dont vous voulez vivre
est la meilleure façon de vivre.

CAR...
L'aventure de la vie est d'apprendre
Le but de la vie est de grandir
La nature de la vie est le changement
le défi de la vie est de surmonter
L'essence de la vie est la préoccupation
L'occasion de la vie est de servir
Le secret de la vie est de faire
Le goût de la vie est d'aider
La beauté de la vie est le partage
La valeur de la vie est l'existence
La signification de la vie est l'amour

AIMES-TOI !

Tu souffres dans le silence,
Tu saignes des larmes de crocodile,
Qui te rendent si fragile.
Tu caches ta démence.
Tu hurles, tu rougis à l'intérieur,
Afin de grimer tes pleures.
Tu camoufles ton identité,
Tu as falsifié tes dossiers.

Hier tu étais Léo,
Aujourd'hui tu es Julio,
Et demain sera le tombeau.

Choisir d'être toi-même...

Dans tout ce que tu feras,
Fais-le avec tout ton cœur,
Dans tout ce que tu diras,
Dis-le avec tout ton amour.

Soi toi-même...

Au milieu de ces doubles visages,
Sois toi-même,
Avec tous tes défauts et tes qualités.
Au milieu de tous ces couleurs,
Sois toi-même,
Avec toutes tes forces et tes vulnérabilités.

L'apparence, c'est à ceux qui refusent d'avancer.
La honte, c'est à ceux qui ne vont jamais évoluer.
Quel que soit la situation,
Sois toi-même,
Aimes-toi, toi-même !
Vis à ta façon.

Je termine cette poétisation,
Par cette citation:
<<La vie ne vaut d'être vécue sans amour>>.

A TOI PÈRE

Père! Mon cœur bat très fort et puis tu es très fort.
Je te porte toujours à cœur et puis tu as un grand cœur.
Père! Tu es l'énergie qui fait vivre mon corps.
Comme l'eau, tu es ma source de vie et grâce à toi je vie.

Si je te dis merci
Ça suffirait?
Non!
Si je te dis grand merci!
Ça suffirait?
Non!
Et si je dis merci infiniment!
Ça suffirait?
Non!
Ce n'est pas grave! Tu es la source de ce que j'écris.
Évidemment! C'est pourquoi je t'écris.
Je pourrais t'écrire autant que je veux
et tu pourras me lire autant que tu veux.
Tu es le père que je désirais
et j'ai eu ce que mon cœur désirait.

Quand je parle on dit que je sais parler,
Alors que c'est toi qui m'as appris à parler.
Tu n'es pas seulement mon père
Tu es aussi mon conseiller et ma pierre,
Quand j'étais petit tu étais là.
Maintenant que j'ai grandi tu es encore là.
Tu es mon protecteur,
Un peu comme mon créateur,
Tu es merveilleux et aussi le meilleur.
JE T'AIME père

POUR TOI MAMAN

Maman,
C'est à toi ce poème,
Pour toi, je me déplume,
Car c'est toi que j'aime

Je te dis toute la vérité,
Toi qui m'as porté,
Toi qui m'as enfanté,
Toi qui m'as éduqué,

Je t'aime maman!
Je t'aime maman!
Je t'aime de tout cœur!
Je te porte à cœur!
L'amour que j'ai pour toi,
est comme le soleil de l'après-midi qui réchauffe chaque jour mon cœur.
Pour tes enfants, tu t'es sacrifiée pour assurer notre bonheur.
Rien que toi, dans mon cœur,
Avec ton grand cœur,
Tu as séché mes pleures.

Avec tes câlins,
J'oubliais mes chagrins.
Jours et nuits,
Je te désirs.
Ce poème, je le chante
Et ce chant, tu le mérite.
Maman, tu es mon trésor,
C'est toi que j'adore.
Comme sur NOVELAS TV, pour toi mon cœur bat plus fort.
Je t'aime tellement fort, car pour moi tu vaux de l'or.

Je t'aime maman!
Je t'aime maman!
Je t'aime de tout cœur!
Je te porte à cœur!
Merci de m'avoir mise au monde.
Tu es la meilleure maman au monde.

POÈME DÉDIÉ À MES CAMARADES DE CLASSE

Dans la cour, les élèves sautent de joie
Dès la deuxième heure la sirène retentie

Tous réunis
Tous assis

Ça bavarde dans les coins
Ça rit au fond de la classe

Tous réunis
Tous assis

Stylos dans les mains
Cahiers sur les tables

Tous réunis
Tous assis

Le prof est absent
Les cœurs battent de joie

Tous réunis
Tous assis

Ébène profite pour parler
De la parole de Dieu

Tous réunis
Tous assis

Ça rigole
Ça crie
Ça parle

Tous réunis
Tous assis

L’éducatrice fait son apparition
Et un grand silence
S'abat dans la classe
Elle nous lance des punitions
Des punitions à toute la classe

Tous réunis
Tous assis

Mais que dalle
On s'en bat les couilles

Tous réunis
Tous assis

La classe reprends son activité
elle reste dans cette même atmosphère

Tous réunis
Tous assis

Avec vous, je m'enivre de joie
Avec vous, l'ennui part enfumer
Élèves de 1ere A 5, je vous aime.

FEMME!

Femme pondeuse de bambins, femme au ventre creuse.
Femme fidèle et pieuse, femme avilie et de l'abandon,
Femme au cœur d'or, femme au cœur crispé,
Femme rosi de plaisir, femme larmoyante,
Femme d'amour et de paix, femme de Sodome et Gomorrhe,
Femme à la couleur de la nuit, femme rougeâtre comme le feu,
Femme aux yeux d'azur, femme blanchie de diamant,
Tellement précieuses, vous qui meublez la vie,
Je vous prends dans mon humble sous-sol.
Ô! Déesses au cœur marial,
Je vous aimerai à jamais, à vous la couronne,
Ô! Reine de la terre et du ciel.
Je dessinerai
Ton nom,
En lettre de feu,
O ! Femme

LA FEMME DU FEU !

La femme qui embrasse les étincelles
Elle fait des braises, ses ficelles
Elle noircit sous la fumée lugubre
Elle se laisse cuire pour survivre

Femme des buissons !
Femme des champs !
Femme des tisons !
Femme aux grinces dents !

La nageuse d'une chaleur chaude
Dans le ventre du feu, elle plonge sa main
À l'aube, la fatigue est son ode
Dans ce train cauchemardesque, elle médite la faim

Oh femme ! À la fois mère et père
Ses pas dans le soleil, cherchent les étoiles pour son enfant
Elle passe ses jours dans les fers
Quand vient sa lassitude, elle s'accroche au vent

Femme des casseroles
Femme nocturne et diurne
Femme d'audace divine
Ô ! Femme à la sueur d'huile

Ode à votre courage !
Ode à votre force !
Ode à votre rage !
Ode à votre audace !

L'AMOUR

L’amour fait trembler comme la fièvre
je crois que l'amour nous rend ivre
chacun de nous a peur du même instant
"Ma princesse, ma prunelle, je t'aime tant"

Dans tes yeux de feu, je ne peux résister
À cette flamme,
Qui attire mon âme
Avec la douceur d'une nuit d'été.
Je suis aux anges avec ta chaleur brassée

L’amour nous fait trembler comme des feuillages
<<j'aurais aimé te dire ce mot
Qui me fait trembler tout le temps
Sur mes lèvres tu peux lire ce mot
Qui signifie-je t'aime tant

J’aurais aimé t’écrire
Le plus beau des poèmes
Construire un empire juste pour ton sourire,
qui fait danser mon âme.
Ton bras à mon court me donne des frissons
Mon seul amour au plus beau visage>>

Au fond de ces points de mots
Se cache une véritable trahison
Qui nous offre un chapeau
Tiré au fond de nos illusions.

L’amour nous rend aveugle,
quand on ne peut contrôler nos sentiments.
<<ta beauté me brûle les yeux comme du piment...
Ta peau à l’éclair du soleil me rend aveugle...
Comme l'eau dormant, en toi je vois mon reflex,
Tu sembles avoir pris ta beauté au diamant,
Tu as un regard charmant et singulier. >>

L’amour nous tue
Quand notre relation est bien tordue
Quand notre bien-aimé(e) part vers un(e) autre,
Derrière ce visage se cache un(e) autre.
<<viens-tu du ciel profond ou de l'abîme?
Ô! Beauté, ton regard si divin,
Me traverse Comme une flèche de crime,
Tes lèvres au couleur du vin,
Brillent comme les étoiles dans le ciel>>
En amour il faut s'aimer pour de vrai,
Pour ne pas fumer du cœur un chagrin.
Que votre amour ne soit pas un feu qui étincelle
Plutôt qu'un feu de flamme qui étincelle.

NB: l'amour est très fort comme la mort.
L’amour nous embrasse sans remord.
Mais l'amour est fait pour être aimé,
éviter donc d'être des auteurs des cœurs chagrinés.

RESTE MON AMOUR

Reste ne t'en va pas
Reste tu es mon art
O ! Reste tu es une perle rare
Reste pour moi, tu es un phare

Reste mon amour
As-tu oublié le lien de notre amour?
Dis-moi que tu fais de l'humour
Je t'aime du jour au jour

Tous les rimes dans ton rire
Dans ton sourire se trouve tous les rires
Toutes les poésies sont dans ton regard
N'écoutes pas tous ces amis ingrats

Reste, pour toi mon amour est infatigable
c'est plus ardent comme le diable
tu es comme un ange, tu es très aimable

Ne me laisse pas,
reste, je t'en prie, ne me fuis pas,
reste, je te désire, ne m'abandonne pas
reste, je t'en supplie, reste là dans mon cœur
La folie et l'amour jouent, il me semble
Que l'amour veut qu'on soit ensemble
pour te prouver un serment juré par mes yeux et par mon cœur

Ô! Reste ma douce chaleur
Ton corps est le ciel même
La beauté, la plus suprême
C'est toi qui prédis la lumière

Reste, laisse ton corps à mon corps
L'idée de partir, d'où ça sort?
Tournons cette page
Aimons-nous comme des sages.

Quand je suis dans tes bras surtout
Mon cœur en moi crie houhou
L'avenir nous appartient

Comme un aimant, tu me tiens.
Ta bouche est bondée de mots
surtout quand tu dis: je t'aime
Je reste immobile et sans mot
Comme si est pointé sur moi une arme.

Mon amour reste pour le mieux
Reste c'est bien toi que je veux
Ne craint point reste pour l'éternité
Reste pour toi, pour moi et pour enfanté.

JE SUIS....

Je suis de la peau noire, je vis en Afrique.
C'est chez nous que les blancs se font du fric.
Je suis l'un des fils de l'Afrique.
C'est merveilleux de vivre en Afrique.

Je suis celui que vous insultez
Dieu merci vos injures m'ont éduqué.
Je suis celui que vous aimez juger,
pourtant Dieu nous dit de ne pas juger.

Je suis le fils de l'Afrique et de la terre noir.
Je suis l'homme miroir et l'homme de la joie
L'Afrique et moi, on s'aime très fort.
Face aux difficultés, on s'accroche très fort.
Je suis un jeune qui a un but à atteindre.
Désolé ! Je n'ai pas le temps de vous attendre.
Arrêter de me faire la morale,
je suis fatigué de vos paroles.

Je suis celui que vous traitez de pauvre.
C'est vrai, je viens d'une famille pauvre.
Moi je cherche à aller de l'avant.
Je n'ai pas besoin des soit disant savants.
Je vous informe, vous êtes dans un état très critique,
Donc je m'encontre fiche de vos critiques.

Les gens disent que je ne suis pas intelligent,
Mais je sais que les gens n'aiment pas les gens,
Hélas! Je me suis déjà habitué.
Ce n'est pas pour ça qu'on va s'entretuer.
Je ne veux pas faire du mal à quelqu'un.
Eh! bien, je n'ai pas envie qu'on enlève mes dents une à une.

Je suis de la peau noire, je vis en Afrique.
C'est chez nous que les blancs se font du fric.
Je suis l'un des fils de l'Afrique.
C'est merveilleux de vivre en Afrique.
Je le suis.

Un Africain? Oui c'est ce que je suis.
Un petit Negro qui veut atteindre ses objectifs.
Sur ma route j'évite les gens négatif.
Dans ma tête je reste toujours positif.

Je suis....
Bref, je suis ce que je suis

LA NUIT ET MA PEAU

J'aime la nuit
La vraie nuit
Qui nous épargne des ennuis.

Le ciel se blanchit d'une couleur sombre,
La journée se rosi de noir.
Allongé dans le noir,
J'observe mon ombre.

Dans cette lumière noire,
Je veux bien croire,
Il fait noir pourtant je peux voir,
C'est sans doute la lumière de mon âme
Qui anime ma pensée qui fuit l'abîme.

Le malfaiteur fait de la nuit un sacrifice
par contre pour moi la nuit est un édifice.
Le silence de la nuit me rend ivre de mots
Dans la nuit ma plume n'a aucun maux.

Oui ! C'est cette couleur noire qui m'inspire,
La nuit se teint de ma peau,
Le noir de ma peau me chante un crédo
Un crédo aussi merveilleux que la vie.

Ma peau s'est teinte du noir
Car j'aime le noir
Le vrai noir
Qui noircit tous les miroirs.

Quand vient le soir,
Le ciel se teint du noir
Avant même de pleuvoir,
Le ciel se teint encore du noir.

La nuit noire de ma peau est comme le noir brillant de l'œil
différent au noir du deuil,
Qui nous plonge dans l'abîme.
Tous les soirs je chante cette couleur
Cette couleur qui me fait vivre le bonheur

Mon noir
N'est pas le noir
Du mouroir.

J'aime le noir
Le vrai noir
Qui noircit tous les miroirs

J'aime la nuit
La vraie nuit
Qui nous épargne des ennuis.

LA PAROLE !

Au commencement était la parole !
Le poète vous parle !
Laisser les oreilles entendre cette parole !
Aujourd'hui !
Je suis dans la peau d'un prophète pour une prophétie !
Écoutez! La parole est sacrée,
Elle se doit d'être écoutée !
Je parle à la jeunesse !
Par la séduction de la richesse
Il étouffe la parole
Je parle à l'Afrique qui malgré ces brouilles se tait.
Je parle aux Africains de l'Amérique,
Ma voix aux fils et filles de l'Afrique,
J'ai fait un rêve sur l'Afrique !
Je vis l'Afrique parti en péril
Je vis l'africain s'écrouler,
Toute l'Afrique était en pleurent,
Envahie par une grande chaleur.

Il est temps que nous nous levons !
Pour une Afrique que tous rêvons !
L'ère de léthargie est passée,
l'heure de la volonté s'est approchée.
N'entendez-vous pas le cri de la nature?
Pourquoi êtes-vous restés si immatures?
Ouvrez les yeux encore fermés !
Débouchez les oreilles encore bouchées !
Ils ont tout dire
Et ils n'arrêteront pas de tout dire
pendant que la richesse coule en Europe et en Amérique,
c'est la pauvreté et le sang qui coulent en Afrique

Avant c'était la colonisation après l'exploitation
Maintenant c'est les décimations

Africains, africaines écoutez-moi bien !
Tu es l'Afrique
Mets-toi debout!
Quand le peuple se met debout,

L’oppresseur ou l'envahisseur tremble
Pour la liberté soyons ensemble.

Ô Afrique toujours unie!
Ô Afrique toujours bénie!

Je suis un Africain l'Afrique !
Je ne laisserai pas détruire mon Afrique !
Je me battrai pour mon Afrique !
Je suis fils et fille de l'Afrique !
J’aime tellement mon Afrique !
Je lutterai pour mon Afrique !

Ô Afrique toujours unie!
Ô Afrique toujours bénie!

L'AFRIQUE MON AFRIQUE

Je ne dirai rien, je ne changerai pas
l'Afrique c'est ma joie et ma force

Arrêtez de me dire de changer mon thème
l'Afrique c'est mon continent et je l'aime
Afrique un continent d'amour et de paix
Afrique un continent uni et fort

Afrique un continent solidaire et discipliné
je ne dirai rien, je ne changerai pas
l'Afrique c'est ma vie et ma chance

J'ai vu le ciel en Afrique
En Afrique j'ai grandi
J'ai grandi et je deviendrai vieux en Afrique
En Afrique je quitterai ce monde heureux
Je ne dirai rien, je ne changerai pas
L'Afrique c'est ma pierre et ma terre

Mon continent n'est ni blanc ni rouge
mon continent n'est ni noir ni jaune
mon continent est l'ensemble des couleurs
je ne dirai rien, je ne changerai pas
l'Afrique c'est mon teint et ma couleur
L'Afrique est le berceau de l'humanité
l'Afrique c'est le laboratoire de Dieu
Je ne dirai rien, je ne changerai pas
l'Afrique c'est mon amure et ma force
L'Afrique c'est ma richesse
l'Afrique c'est chez mes ancêtres
je ne dirai rien, je ne changerai pas.

CORONA VIRUS

Ils nous ont parlé de SIDA, Ebola comme si ce n'est pas suffisant, maintenant c'est le tour du Corona cette pandémie qui tue les gens.

Et puis merde pour ces virus !
Ils ont fait de nous des virus.
L'expression <<restez chez vous
A annulé tous nos rendez-vous.
Ne vous serez plus les mains.
Toujours lavez-vous les mains
puis appliquez du savon
mais ça, nous le savons.

Soyez à un mètre de distance.
Désormais on se parle à distance.
Respectons les règles d'hygiène.
Cette situation nous empoigne.
Les accolades sont terminées.
Les églises, les écoles...sont fermées.

Le Pire est que le Corona tue,
Et pourtant nous sommes têtus.
La covid-19 ne fait pas de ségrégation.
Je vous prie, faisons très attention.
Le monde entier pleure
Les gens meurent.
Dieu! Où es-tu?
Le Corona nous tue.

Respectons les mesures
qui ont été prises par le ministère de la santé.
Faisons tout possible en respectant ces mesures
pour notre propre santé.
Portez votre cache-nez.
Vous pouvez être contaminé par le nez.
C'est terrible, il y a trop de morts.
Adieu les morts !

JE SUIS CONFUS

Le mal a écumé la terre
La terre univers de Lucifer
Ici l'amour est éphémère
Ô! Quel monde de vipère

[Notre société est corrompue
[Notre pays même est vendu
Avec mes yeux de lézard
Je vois trop de choses bizarres

Je me sers de ma plume,
Pour évacuer mon âme
Depuis on nous parle du Covid
Je suis vraiment confus

Ce virus traîne encore dans les quatre coins
Sans cesse il sème le trouble dans notre monde
Cependant ma question pour le monde
Comment ce virus a pu assaillir nos coins ?

Regardez ces visages fanés qui s'étouffent dans les tuyaux
Regardez ces hommes innocents enfermés dans les tombeaux
C'est triste que ce virus fasse encore ravage
Quand j'observe ces points de larmes dans les nuages
Mon visage dans ce sol venin
Je me dis pourquoi personne ne fait rien.

JE M'AMUSE

Mon inspiration n'est pas une provocation,
mais une vocation.
Je vis ma poésie à fond et non au plafond.
J'aime la littérature,
je m'enivre de la lecture.

Je suis débordé de mots et face à ces mots,
Je ne peux me retenir.
Je suis donc obligé d'écrire.

Le silence de la nature,
A fait de moi un homme mature.
Le Coronavirus,
Veut faire de moi un virus.

Mais j'ai pris mes précautions
Et je fais très attention.

Je préfère rester à la maison,
Car le gouvernement a raison.

Étant en confinement,
Je m'amuse à faire des bandes de mots en piment.
Tant que j'ai encore ma plume,
pour les miens, je me déplumerai.
Vous êtes la raison de l'existence de ma plume,
donc pour des bandes de mots, je vous ferai.

Je me distraire en écrivant,
Je préfère vous écrire vivant,
Aimons-nous! Aimons-nous vivant.

Mon inspiration n'est pas une provocation,
mais une vocation.
Je vis ma poésie à fond et non au plafond.
Je ne fais pas ce que les gens font,
je fais ce qui me semble bon,
C'est pourquoi je n'aime pas trop les bonbons.

Je fais de la poétisation, et non de la politisation.
Je fais de mes mots une cotisation,
Pour parler au nom de la population.

DÉLAISSER DANS LES NUAGES

Suspendu dans les nuages,
Je passe mes nuits de suspenses
Accroché par les nuages,
Je lutte, je suis en transe

Je suis envahi par le vide
Ma joie est juste timide
Je suis, je mijote,
La tristesse me grignote.

Le monde semble être irréel,
Près de moi la solitude est fidèle
L'homme devient si cruel
Ma vie est très fiel.

Ce monde est bondé de désert,
Mon regard se fixe à travers
À travers le monde désert
Désespoir est mon nom
La solitude est mon prénom.

Ô MON DIEU

Notre père!
Notre repère!
En toi j'espère!

Je me confie à toi
Pour mes péchés, pardonne-moi.
Par ton sang purifie-moi.

Je t'écris des profondeurs de mon cœur,
là où personne n'a été,
Pour te parler de nos douleurs
Espérant que tu vas m'écouter.
Je t'écris que mon pays va mal.
La covid-19 tue très mal.
Je t'écris que cette pandémie nous consomme,
et c'est devenu un véritable problème.

Je t'écris, viens nous sauver encore une fois,
cette pandémie nous fait crever, je ne sais pourquoi.
Où-t-elle, ma foi?

Dans ma pensée, je me noie avec tant de questions,
en débat de Quoi... viens nous sauver de cette contagion.

Journellement cette maladie se propage.
Aide nous à tourner cette page.

Je t'écris que le Corona fait souffrir et que ça doit finir.
Je te prie sans fin sauve tes tiens.

Pour mon pays, sans cesse je cris
Sans aucune eau de vie.

Je t'écris sans fin,
Jusqu'à en épuisé mes mains.
Pitié ! Regarde tous ces points de mots en larme,
Et délivre-nous de ce problème.

MA DOULEUR

Je ne trouve même pas de rime pour ces drames,
Dans le ciel mes paroles s'envolent.

Dans le silence noir, se cache mon ombre
Comment éviter ces jours sombres,
Loin de moi, est la joie.
Je me pose la question de savoir
Qui est mon semblable?
C'est peut-être celui qui fait de moi une propriété aliénable,
je vis une sale dépression.

J'en ai marre de la vie,
Sur ma tête une couronne d'épine,
Et la douleur est au cœur de ma vie.
Je suis à la gêne.

Au fond de moi saigne le chagrin,
j'ai l'impression que je vis dans le désert.
Où sont-ils passés les miens?
Dans mes vers je n'aperçois que la misère.

Mon encre blanchie de larme,
Ma plume ne fait que larmoyer,
Mes mots se transforment en larme.
Ma poésie est attristée.

La vie me blesse,
Elle me délaisse,
Jusqu'au point où mes rires deviennent rares.

Je reçois sans cesse la gifle de la vie,
mon cœur sur le point de se déchirer.
Je suis presque écroulé.
C'est ça la douleur qui tue ma vie.

Tellement désemparé,
Je suis tombé
La vie et la souffrance continuent
J'essaie d'avancer.
Mon âme totalement abattu,
Je ne peux donc avancer.

UNE VIE D'ENFER

Adam et Ève où êtes-vous?
Était-il nécessaire de picorer ce fruit de mortification?
Oh! Mais quelle aberration!
J'en souffre, où êtes-vous?

La vie est un véritable enfer,
En elle, je souffre sans cesse
Des flammes de feu me brûlent sans cesse.
Je vis un énorme calvaire.

La vie est trop cruelle
Pourquoi vivre dans un tel abîme, Aide moi fils de l'éternel!

Je crie à toi, fils du père!
Ma vie a un goût très amer
Comment sortir de cette atmosphère
Qu'est-ce que j'ai pu fait,
Pour mériter une vie de fer.

J'en souffre et je perds la mémoire
Pourquoi vivre dans un tel désarroi,
Oh! Dieu pourquoi moi?

J'ai du piment aux yeux,
Où se cache notre Dieu?
Est-il vraiment dans les cieux?
Non! Je ne veux plus mourir vieux.

Cher Dieu mes questions sont pertinentes,
Je veux donc des réponses convaincantes

JE DÉTESTE

Je déteste ce monde.
Je aie ses dirigeants,
Ils nous dirigent dans le néant,
Je n'aime pas ce monde.

Je déteste surtout le monde d'aujourd'hui,
Ils sont attachés à la mode, les jeunes d'aujourd'hui.
Pourtant la mode leur conduit dans le ravage.
Elle leur conduit dans le pillage.

Je déteste la politique,
Elle nous conduit dans le malheur.
Je déteste la politique,
Elle nous fait tomber dans une cruelle défaveur.
L'homme perd son temps en perdant le temps dans la politique.

Je n'aime pas les politiciens,
Ce sont des homicides.
Entre eux, ils se fratricides.
Je vomi la politique et ses siens.

Il y a trop de méchancetés dans ce monde, Appelé cosmos.
Il y a trop de malheur dans ce monde, appelé espace.
En fait, je déteste le monde,
Où les enfants sont maltraités
Où les gens sont décapités
Je déteste le monde,
Où les femmes se marient entre-elles
Où les hommes se marient entre eux.

Vivons le monde et non ce monde.
Vivons le monde et non la mode.

L'ARGENT

Étant un billet de valeur,
est aussi la source de nos adversités.
Il a été surtout favorisé
pour faire le bonheur.

Le cosmos est attacher à lui,
de jours comme de nuits,
Pourtant, il nous crée des ennuis.

Les gens ne pensent qu'à lui, Pour lui,
ils sont prêts à toucher le ciel,
Certes, c'est un bien essentiel,
Mais comme un char, il détruit.

Ce fameux billet glisse, brûle dans nos mains,
sans cesse, il nous fait courir,
parfois même à mourir.
Pourquoi si difficile de le tenir dans la main?

L'argent, billet de gangrène,
Un billet qui nous donne des migraines.
J'ai mal que ce billet nous prend la tête,
Jusqu'à en être bêtes.

Dans ce macrocosme c'est l'argent qui parle,
mais moi, à travers ma plume je vous parle.
Pas la peine de s'en berlurer,
Car ce mystérieux billet, n'est que vanité.
Oh! Sacré billet, comment vais-je t'oublier?

AUX INFIDÈLES

Salut, auteur des cœurs chagrinés.
Je pense que vous êtes envoûtés,
Vous qui mangez le fruit des gens sans répit,
Et cela de jours comme de nuits.

Salut, à vous qui savez être belles,
A vous aussi qui savez être beaux
comparables aux animaux,
vous les infidèles.

Les grands favoris de l'amour,
c'est vous qu'on cherche et qu'on fuit tour à tour,
sans être lassé de faire l'amour.

Je t'aime, en entendant mon impérissable épouse,
Je te laisserai sans te rendre jalouse,
Pour l'instant amusons-nous sur cette immense pelouse.
Ô oui! C'est l'hymne de la jeunesse,
Ô mon Dieu! Je veux une renaissance.

Voyant tous ces gens, mon cœur fume la tristesse,
Écoutez! Ma plume vous dit merci,
vous les infidèles d'ici.
Comme des fleurs qui fleurissent,
toutes les mirettes fixées sur vous,
n'observent que vos charmes
près de vous naissent les alarmes,
les plaintes et des sales rendez-vous.

Vous seul dans ce triste monde,
avez le talent d'ébaudir l'ennui,
jours et nuits.
Où est-il passé mon beau monde?

Faites gaffe à vos visites,
Ce n'est pas tous les jardins d'éden qu'on visite,

Évitez d'être des touristes.

Notre monde part en fumée,
je vous prie cessons le feu
crions aux adieux,
à l'infidélité.

ÉPHÉMÈRE

Croyant vivre pour toujours,
espérant jamais mourir un jour.
Sous mes yeux passe un cercueil,
Fondu en larme, les gens l'accueil.
Comme dans un jeu vidéo,
le monde est faux
Rien n'est donc à la possession de l'homme ?
Ô terre! Planète des fantômes.

Soleil vas-tu briller longtemps?
Bientôt ta chaleur, je ne la sentirai plus
mais ce n'est pas ce que j'aurais voulu
j'ai mal, ô maître des temps!
Accorde moi un peu plus de temps
la nature va me manquer,
quand je serai mort et enterré.
À quoi bon de vivre si je dois mourir.
Ô mort! Dois-je vraiment finir?

Il a existé, il était un homme bon
C'est ce qu'ils diront
Entre temps
La mort m'a bouffé comme un plafond.

Mes biens, j'ai souffert pour les avoir
difficile pour moi de dire au-revoir
Mon argent!
Mon argent!
La vie c'est bien foutu de moi
le monde me noie
tout ce temps,
je me mens.

Rien n'est vrai, rien n'est éternel
tout est absolument éphémère
ce monde est faux et très amer
soudain, elle m'amène très haut dans le Ciel
Mon orgueil est fini
Mon histoire est fini

LES LARMES D'UN INNOCENT

Dans ma tristesse,
Mon cœur me presse
oui ,mon cœur saigne sans cesse,
Pour mon peuple, je pleure,
mes larmes coulent à l'intérieur.

Je suis ivre de haine,
le jour et la nuit me soulent de haine.
Autour de moi, plus de paix,
il n'y a que la souffrance et les pleurs.

Je ne supporte plus ses cris,
Je n'en peux plus de ces cris,
De ces cris d'enfant,
de ces enfants encore innocents.

J'ai longtemps gardé le silence,
pour une affaire personnelle,
mais pourquoi épouser ce silence !
Dans un monde si cruel !
Un monde rempli de malignité !
Un monde rempli d'insensibilité !

Comment peut-on avoir la paix
Si tout le monde se tait ?

J'ai envie de crier haut et fort,
Oui, cet envie de crier très fort
avec une voix de sonore,
ils pourront m'entendre,
et j'espère qu'ils pourront me comprendre.

Ils nous croient immatures,
le plus perçant est qu'ils ne pensent qu'à remplir leurs poches,
ensuite rouler dans de grosses voitures,
et le reste ils s'enfichent.

Je "cris" mes paroles,
pour qu'elles s'envolent,

dans l'espoir de transformer le désespoir,
pour qu'elles réchauffent ceux qui ont froid.
Nourrissent ceux qui ont faim,
Est-ce normal de laisser mourir
des gens?
Tout simplement parce qu'ils n'ont pas d'argent?
C'est ça que l'on appelle la côte d'ivoire, mort de rire.
Pendant que certains, croupissent sous l'argent,
D'autres pourtant, meurent de faim à tout instant.

LA MÉCHANCETÉ et L'ORGUEIL, SONT-ELLES DEVENUES NOS SEULS PRINCIPES?

FEUILLE SÈCHE

La feuille sèche est accrochée sur l'arbre,
Le vent la pousse jusqu'au sol.
Ses sœurs vertes l'observent depuis l'arbre,
Sa nouvelle demeure est le sol.
Autour d'elle, tout est sec.
Le vent la traîne dans le sable.
Vraiment sa couleur verte lui manque,
mais elle ne peut rien, c'est la loi de la jungle.

La feuille sèche est par terre,
Elle ne peut contre le vent.
Rejetée et humiliée par le vent,
elle est écrasée par les passants.
Jamais! Elle n'aurait accouché sa vie sur terre.

La feuille sèche est dans la poussière,
ses amis la contemplent de puis le haut,
et elles se raillent de sa misère.
Le vent la pousse dans une saison d'assaut.

La feuille meurt au milieu de l'existence,
les rayons du soleil la caressent sans cesse.
Au toucher elle claque en mille bruits.
Elle est là, comme un enfant sans armure.
Elle finira dans les furieuses flammes
et elle s'envolera dans le ciel avec ses larmes.

LES POUSSINS SANS LA POULE

Si tôt abandonné par leur mère
dans un poulailler sombre et froid
Ils sont en manque de chaleur
les yeux encore fermés, autour d'eux c'est le noir.

La cocotte est partie pour le ciel laissant derrière,
ses petits en souffrance.
Qui, pour prendre soins de leurs plumes encore jaune?
Les petits crient, cherchant leur mère,
mais cela est en vin.

Ô! Mort pitoyable pourquoi un tel carnage

MA POÉSIE

Quand j'écris,
je me décris
ma plume cri
elle prédit
toutes les tragédies,
pour que mes vers prennent vie
Afin que tout cela valle un prix.
Quand je réécris,
je dénonce tous les bandits
pour qu'ils payent le prix
de toutes leurs boucheries,
qui nous privent du paradis.

Ma plume cri à une injustice
parce que le monde commence
à croire en ces choses injustes.
Elle a pris de l'ampleur cette injustice,
au tribunal on ne parle plus de justice,
on préfère donner le procès à l'injuste
plutôt que le juste,
car le juge est sans conscience
Moi en tant qu'un poète je dénonce
toutes injustices et rien ne m'influence.
D'ailleurs je vis en cause de conséquence.

Lors d'une conflagration,
c'était bien clair que c'est eux la solution
tellement égayé! Je les ai baptisé solution
mais c'était des gens avec de sales ambitions
ils font de notre argent une cotisation
pour se construire des pavillons
et puis ils ont fait de mon pays une nation
immature, mon peuple est dans le grognon
ils se fichent totalement de nos oignons,
l'essentiel leurs poches sont pleines de pognons.
Si c'est pour vivre dans cette situation,
il est préférable de vous surnommer dissolution.

Hé! Bien nous sommes lassés de votre gouvernance,
donnez-nous notre indépendance.
Partez! J'en ai marre de votre mandat,

je veux un homme loyal comme Mandela,
qui sera en mesure de respecter sa parole.
Vous chantez trop comme une chorale.

Ça fait plusieurs années, Abidjan pleure d'inondation,
presque tous les mois, ils font des remaniements
et tout ça, pour aucune solution.
Qu'espérons-nous d'un tel gouvernement?

J'en suis conscient, je prends des risques
c'est pourquoi je parle sans aucun masque.
Je suis un artiste, je n'ai pas un art triste.
Le poète poétise la vérité,
le prophète prophétise la vérité
mais notre gouvernement nous ment.
Dans mon pays, nous vivons dans le néant.

Ma poésie dénonce une personnalité,
car ce que j'écris
est une vérité
qui annonce une réalité.

TRISTE RÉALITÉ

Une promenade en tourbillon,
Les rues dégradées hurlaient,
Ils larmoyaient et saignaient
Le soleil chaud pleuvait des rayons.

Ces cris de rue restaient stériles
On attendait murmurer les véhicules
Sous prétexte qu'ils ne cessent d'aller en péril
À cause des cris de rues, les véhicules étaient en fil

Ô ! Vous, homme des belles étoiles
Pitié ! Pour les maisons sans toits
Pitié ! Pour les porteurs de la croix
Ô ! Vous, héritiers des belles Mils

En rêvant dans vos lits de plumes
Penser à nous qui ronflons dans les flots de larmes
C'est nous qui vivons les drames
Et vous pêchez dans les eaux calmes

La loi de la jungle existe-t-elle dans notre société ?
Chères cadres encadrez nous sans suffocation
Nous vivons sans liberté
Nous vivons des agressions.

Existent-ils des droits de l'homme ?
Existe-t-elle une démocratie ?
Où est-il passé notre beau pays ?
À cause de nos intérêts l'Afrique est en larme.

ENCRE ÉTOUFFÉ (PARTIE1)

Horreur !
Malheur!
Terreur !

La terre, malheur inhabitable,
l'humain, animal insensible,
le ciel pleure de larme,
le monde tueur du monde,
les âmes étouffent les âmes,
les ventres en chaleur se vident.

Femme pourquoi avorte-tu?
Pourquoi étouffes-tu ce fœtus bientôt individu?
Pourquoi l'empêches-tu de venir?
Tu me parais paisible et ingénu
pourtant tu es comme un feu qui tue.

Aujourd'hui, tu souris à la vie
tu te fais plaisir et tu lis cette poésie
qui te fait savoir que tu deviens un zombie
si tu n'arrêtes pas d'avorter, de tuer des vies
tu pourrais même rater l'éternel vie

Horreur !
Malheur!
Terreur !

Jeune fille écoutes-moi
ton acte met ma plume en émoi
stoppez! Les ventres de mouroir
arrêtez de pratiquer cet art sans foi

Grâce à toi, le monde se multiplie femme
Des dames sont à la recherche des germes
que vous avez jeté et brûlé dans une flamme
Que tu ne lis pas cette poésie si je blâme

Pendant que d'autres pleurent pour avoir un enfant
vous vous décarcassez pour avorter des enfants

arrêtez ces pratiques qui noircissent nos âmes
à regarder vos âmes, mon âme se met en larme

Horreur !
Malheur!
Terreur !

C'est vraiment si cruel
d'empêcher une existence
ce que tu n'as même pas vécu sous le ciel
je ne supporte plus ces crimes en face.

ENCRE ÉTOUFFÉ (PARTIE2)

Ô! Comment puis-je arrêter ces temps?
Pourquoi trop de perversités à notre temps?
Le ciel pleure de sang

Je meurs à voir ce phénomène qui continue,
la jeunesse têtu et qui tue,
tous ces fœtus jetés dans les tunnels.
Comment pallier à ces gâchis Total?

Mes rimes s'adressent aux ventres avortés,
les plus polluantes de la vie humaine,
celles qui ont pour habitude d'étouffer,
vous êtes sans conscience humaine,
méchantes et sorcières mondiales,
vous êtes l'incarnation même du mal
.
Mes vers en larme pour ces fœtus innocents,
ma plume, elle rougie de sang.
L'humanité a battu le record du mal,
il n'y a plus de santé à l'hôpital

Car au sein même des hôpitaux l'avortement est pratiqué,
chaque année le taux d'étouffement des spermatozoïdes ne fait qu'augmenter.

Mais où va ce monde?
Pourquoi des gens nés
Empêchent-ils d'autres d'être né?
Où va notre monde?
Les spermes jetés crient de vengeance dans le ciel.
Nous, sur une terre misérable,
on se plaint qu'il n'y a plus de sel,
plus de sel parce-que nos crimes ont écumé la terre.
Tous ces actes inconsommables ont pollué notre ère.

Jeune femme!
Jeune dame !
Ma voix aux autrices de ces crimes
Au moment même où vous pratiquez ce t'écueil,
vous continuerez de vivre ces pénibles nuits de deuil.

La tuerie, c'est ça votre boulot?
Etre des marâtres à kilos?

Que ma voix se fasse entendre par ces médecins
Qui ont étudié l'étiologie,
pour dire plus, la symptomatologie
pour guider les gens à commettre des actes malsains
il est temps que vous arrêtez ces actes ignominieux,
qui nous éloigne peu à peu des cieux.

Une minute de peine,
Pour les fœtus à la gêne.

STOPPONS L'AVORTEMENT
ARRÊTONS L'ÉTOUFFEMENT
DE TOUS CES FŒTUS INNOCENTS : ENSEMBLE, LUTTONS CONTRE L'AVORTEMENT.

SOLITUDE

Quel est ce bruit vide ?
Quel est ce monde qui se vide ?
Pourquoi ce grand vide ?
Mais pourquoi la vie est sans aide ?

La nuit est toute seule,
Le ciel n'y est plus.
La terre a-t-elle aussi disparu ?
Le silence confondu au deuil

Tout se perd,
Tout est perdu.
Quel chemin m'indiques-tu père ?
Les miens ont-ils été vendus ?

Comme au désert tout est déserté,
Le vide noir s'est mis à chanter,
Voilà l'aveugle qui ne fait que danser,
Au son d'une mélodie silencieuse.

Oups ! Mes mots se rusent,
Le temps a mis une pause
Sachant dans le monde où suis-je,
La solitude est l'humanité en image

Étant braqué par cet isolement,
L'âme coule des larmes de renaissance
Qui crées en moi une fève audience
Dont le cœur se prononce vivement.

En ce lieu d'atmosphère mort
La vie est bien nue
Tout s'aperçoit non à la vue
Mais là où les pensées se mordent.

UNE PASSANTE

Beauté meurtrie
Regard ensanglanté
Dans les yeux, amour saturé
Le cœur chante sans répit

Statué à la gare de bus,
Je passe le temps à bader cette belle miss.
Charmé par cette créature vénus,
Je plonge dans un voyage de transe.

La présence de cette céleste joliesse infinie
A poétiquement usiné ma vie en paradis
A la voir enjamber sans jeter un regard est une tragédie
La vénusté de cette déesse fait tomber dans l'oubli.

O ! Rêne du printemps
Une beauté incontestable
Une personnalité blanchie de diamant
Admirer sa personne est infatigable

Je la vis circuler sans dire un mot
Quand vais-je la revoir encore, question ?
Son image s'est teintée sur mon tableau
Mais elle partit comme une beauté de fiction.

Ton visage illuminé comme le soleil de l'après-midi,
Tes yeux au couleur du ciel d'azur,
Ton sourire blanchi qui laisse voir tous les poésies,
Me traverse comme la flèche des anges déchue.

Majesté pourquoi si vite comme une étoile filante ?
Ton charme passant, laisse un vide plein de tristesse,
Partie sans t'arrêter a créé une détresse,
Car je t'appréciais beaucoup trésor funeste.

J'aurais préféré te haïr pour guérir mon mal
J'aurais préféré fermer mes yeux ce jour là
J'aurais préféré ne pas passer à cet endroit là
J'aurais préféré ne pas exister pour éviter ce mal

Mais l'amour est plus ardent que la mort
Etait-elle noire, blanche, intelligente ? Je l'ignore
Elle est d'une beauté au point où chacun aimerait être abord
Cette beauté somptueuse m'a fait voyager sans transport.

RECHERCHE DE MOTS

Je dénonce mes maux,
Je veux être un ami aux mots
Je veux être un sorcier des vers
Je cherche à copier MOLIERE
Mon plus grand défaut,
Est que je suis un amoureux des mots
Cela fait de moi un imbécile mondial
Et c'est vraiment un péché capital
Mais je ne suis pas une boucherie
Chaque jour dans ma chambre, je prie

J'aime les mots
Je suis en enquête de mots
Je veux le dernier mot
Je veux le logiciel des mots

VICTOR HUGO,
Écrivez-moi vos mots
Faites-moi visiter le jardin des mots
Je suis terriblement assoiffé de mots

BERNARD .B.DADIE
Arrosez-moi de mots
Faites-moi nager dans l'océan des mots
Dans votre bibliothèque, je veux me refugier

ARTHUR RIMBAUD
Faites-moi couler des larmes de mots
Je veux errer sur le rivage de vos mots
Faites-moi sentir souffler le surcroit des vents de vos mots

CHARLES BAUDELAIRE
Dénoncez vos mots
Chantez l'hymne à la beauté des mots
Faites-moi savourer la douceur féroce des mots
Aidez-moi à semer et à faire vibrer les vers

Je tiens un tableau de mots
Sur lequel je dessinerai un schéma étoilé de mots
En visitant la maison des strophes de REMY BELLEAU.

LE RACISME

Je suis européen et un américain
Mais surtout je suis ivoirien et un africain
L'africain que je suis n'a pas choisi d'être noir
Mais vous, vous avez teint de ma peau le noir

Je préfère plutôt vous parler du racisme
Que de jouer avec les mots dans un poème

On dit souvent que les européens font du racisme
Mais nous ignorons à quel point sommes-nous aussi racistes
Tant que nous utiliserons le blanc comme symbole de paix,
Le noir pour symboliser la malchance et l'inverse de la paix,
Le racisme ne pourra jamais finir,
L'Afrique est aussi responsable d'une négritude infini.

Je parle à l'Afrique à travers mes mots
Et peut-être que mes paroles resteront que des mots
Mais ces mots sont à ma manière de changer les choses
Je continuerai de parler jusqu'à ce que l'Afrique ose
Changer de mentalité,
Pourquoi osez-vous dire que le noir est la couleur de fatalité ?

C'est une mise en rime
C'est une restauration de l'âme
Je préfère vous parler du racisme
Que de jouer avec les mots dans un poème

Je suis pour ROBERT MUGABE,
Sur le racisme, il s'est prononcé et j'en suis flatté
Il avait martelé :
Autant que les gens porteront les vêtements blancs pour les mariages
Et les vêtements noirs pour les funérailles,
Le racisme ne prendra jamais fin
Tant que les voitures blanches utiliseront toujours des pneus noirs,
Le racisme ne prendra jamais fin.

Je fais de ma poésie une arme
Je sème des vers et des alarmes
Je préfère vous parler du racisme
Que de jouer avec des mots dans un poème

AUCUNE DIFFÉRENCE

J'aime d'abord l'Afrique
C'est mon continent
J'aime ses habitants
Je suis l'enfant de l'Afrique

Regarde d'abord ma paume
Vois-tu ma plume ?
Elle est noire !
Elle est bien noire
Regarde d'abord mes cinq doigts
Regarde bien mes dix doigts
Je suis une lumière, je porte un flambeau
Vois-tu mon teint ? Regarde d'abord mes cheveux !
Je ne suis pas un fardeau
Touche-moi ! Attrape-moi !
Ma couleur n'est pas sale, Ce n'est pas une tache
Pourquoi me traites-tu de vache ?
Je suis noir ! Je suis différent du mouroir
Pourquoi me fuis-tu ?
Pourquoi me tues-tu ?
Approche ! Embrasse-moi
Tends-moi ta main !tu vois ?
On n'est tous semblable
Alors ne me laisse plus seul sur la table
J'aime quand le blanc et le noir jouent ensemble
J'aime, j'aime les couleurs du piano : blanc et noir.

AMOUR ET PAIX

Confusion entre aimer et ne pas être aimé
Ne m'aimez pas, car je ne saurai le faire en retour
Vivons sans amour comme rire sans humour
Dans ce macrocosme l'amour est détesté

Si puis-je l'exprimer ainsi à travers ces vers,
Le monde produit tellement de vipères
Que l'on pouvait croire vivre à l'envers
Amour ! Aimer ! C'est un <<Mystère>>

L'homme au double visage
Qui chante l'amour sur le noir rivage
Est celui qui haïr et tue son frère
Il tue son frère puis chantonne l'amour sur la mer

Si on ne peut installer l'amour
Où va donc atterrir la paix ?
Si on ne pense qu'a nous
Quand disparaitront les guerres ?

Je prends ma plume et je lance un appel à l'amour vrai
Je prends ma plume pour exhorter à une vie vraie
Une vie pleine d'amour au semblable
Une vie aux mains qui applaudissent ensemble

Je prends ma plume pour blanchir les cœurs assombris
Je prends cette mise en rime pour faire danser les cœurs endormis
Je prends ces strophes pour assurer aux cœurs un sourire infini
Je prends ma poésie sans maux pour chanter la paix dans mon pays
Je chante la paix car les élections sont pour le 31 octobre 2020
Je prie que cet encrage sans nuage ne soit pas en vain

Pour une première fois j'attends le mot <<brigué un 3ème mandat>>
Voilà que cette expression crée la confusion dans toute la côte d'ivoire
Chères politiciens évitons cette fois-ci un drapeau blanchir de noir
Soyez des distributeurs de paix comme Houphouët et Mandela

POEME A DEUX VOIX

Mon art, ma plume,
La poésie me parfume.

Les yeux dans les livres,
Mon âme s'en ivre.

Venez voir l'art poétique,
L'univers des mots magiques.

Je m'abandonne à l'imagination,
Les mots prennent fonction.

Le poète se baigne de mots,
Ses paroles font écho.

J'ai voulu cesser de lire,
Et l'âme m'a pris pour ennemi.

La poésie se fait de la voix,
Le poète invente des exploits.

Le cœur aussi rit de douleur,
Ne pas lire est un malheur.

AIMER !

Aimez sans haine
Aimez avec le cœur
Aimez à la gêne
Aimez sans rancœur
Aimez le pire
        Le prix
        La vie
Aimez même si …
Aimez, pas de distinction
Aimez, pas d'opposition
Aimez, plus de munitions
Aimez à finir les drames
Aimez à finir les amalgames
Aimez vos coutumes
Aimez et jeter les armes
Aimez sans mesure
        Sans murs
Aimez comme jésus
Aimez, je vous assure…
Aimes-toi et moi
Aimons les uns les autres

UNE REUSSITE POETIQUE

Je sors de cette prison
Je sors de cette pensée sans raison
Je suis braqué sur l'horizon,
L'horizon que j'ai vu dans une vision
Non ! Ma vision n'est pas un film de fiction
Je chanterai ma réussite avant le crépuscule
C'est sûr, j'avancerai sans recule
Poétiser, c'est vivre en action

On dit souvent que le futur n'est pas forcément une réussite
Moi, je dis souvent que mes mots ont surement une bonne suite
Une suite favorable avec des rimes qui chantent la chance
Une chance chantée sur une piste dont mes vers évitent la décadence

Je veux que mes écrits me fassent plumer
Pour que je puisse blanchir mon encrier
Je veux que ma poésie m'amène au sommet
Pour que mon étoile puisse briller

Je suis ce petit pauvre qui vient de bocanda
Bocanda une ville au centre de la cote d'ivoire
Je suis aussi celui qui croit à la mort du christ sur WAKANDA
WAKANDA, c'est en baoulé ce qui signifie la croix
Dans ma réussite il y a toujours GNANMIEN PKLI (grand Dieu)
Chaque jours mes yeux dans les cieux
Je prie que santé et force soient au rendez-vous
Pour savourer le temps mon instant, la poésie mon bijoux.

Table des matières

Printed by Books on Demand GmbH, Norderstedt / Germany